मन के लफ़्ज़

कविताएं

Ramprakash Mishra

BookLeaf Publishing
India | USA | UK

Made with ❤ on the BookLeaf Publishing Platform
www.bookleafpub.in
www.bookleafpub.com

Dedication

प्रस्तावित कविता संग्रह "मन के लफ्ज़" में शामिल रचनाएं अचानक आए हुए विचार हैं, जिन्हें मैं अपने शुभचिंतकों के प्रोत्साहन से शब्दों का रूप दे पाया हू. ये पंक्तियां मेरे माता-पिता, पत्नी, बहनों और अन्य परिवार के सदस्यों, रिश्तेदारों और दोस्तों को समर्पित हैं, जिन्होंने निःस्वार्थ भाव से मेरा साथ दिया और मुझे लिखना जारी रखने के लिए प्रोत्साहित किया।

_ रामप्रकाश मिश्रा

Preface

सर्वप्रथम मैं उन सभी पाठकों का तहेदिल से शुक्रगुजार हूं जिन्होंने अपना कीमती समय से कुछ पल मेरे कविताओं से रूबरू होने के लिए निकाल पाए। प्रस्तुत संग्रह की रचनाएं अपने जीवन में रोजमर्रा की जिंदगी में परोक्ष या अपरोक्ष रूप में अनुभव होने वाली परिस्थितियों पर आधारित हैं। ऐसी ही समय समय पर अनुभवित छोटे-मोटे एहसासों को शब्दों में पिरो कर प्रस्तुत करने का मेरा एक लघु प्रयास है। इन रचनाओं में अधिकतर मेरी और आपकी की ही भावनाओं का उल्लेख किया हुआ है।

Acknowledgements

उन सभी अनजाने, लेकिन खूबसूरत एहसासों को मेरा आभार, जिन्होंने मेरे "*मन के लफ्ज़*" को जन्म दिया।

उन रातों के अँधेरे और सुबह की पहली किरणों को धन्यवाद, जिन्होंने मुझे शब्दों के नए अर्थ समझाए। उन हवाओं को भी आभार, जो मेरी कविताओं को दूर तक ले गईं।

मैं उन सभी का आभारी हूँ, जिन्होंने मेरे सफर में मेरा मार्गदर्शन किया। मेरे प्रिय परिवार और मित्रों, आपके बिना यह किताब अधूरी होती। आपके अटूट समर्थन ने मुझे इस साहित्यिक सफर को पूरा करने का साहस दिया।

यह संग्रह सिर्फ मेरा नहीं, बल्कि उन सभी लोगों का है, जिनकी प्रेरणा ने इसे आकार दिया है।

1. स्वरूप

बसते राम तुझमें भी,
बसते राम मुझमें भी,
तेरे राम कठोर क्यूं हैं,
मेरे राम मृदुल क्यूं हैं।

बसते कृष्ण तुझमें भी,
बसते कृष्ण मुझमें भी,
तेरे कृष्ण दिलवाले क्यूं हैं,
मेरे कृष्ण मतवाले क्यूं हैं।

बसते शिव तुझमें भी,
बसते शिव मुझमें भी,
तेरे शिव रुद्र क्यूं हैं,
मेरे शिव भोले क्यूं हैं।

बसते रावण तुझमें भी,
बसते रावण मुझमें भी,
तेरे रावण अहंकारी क्यूं हैं,
मेरे रावण संस्कारी क्यूं हैं।

बसते हनुमान तुझमें भी,
बसते हनुमान मुझमें भी,
तेरे हनुमान वीर क्यूं हैं,

मेरे हनुमान धीर क्यूं हैं।

बसते गणेश तुझमें भी,
बसते गणेश मुझमें भी,
तेरे गणेश बालक क्यूं हैं,
मेरे गणेश पालक क्यूं हैं।

बसती दुर्गा तुझमें भी,
बसती दुर्गा मुझमें भी,
तेरी दुर्गा विकराल क्यूं हैं,
मेरी दुर्गा अकराल क्यूं हैं।

बसती सरस्वती तुझमें भी,
बसती सरस्वती मुझमें भी,
तेरी सरस्वती गँवार क्यूं हैं,
मेरी सरस्वती होशियार क्यूं हैं।

बसती काली तुझमें भी,
बसती काली मुझमें भी,
तेरी काली महाकाल क्यूं हैं,
मेरी काली सर्वकाल क्यूं हैं।

बसते भगवान तुझमें भी,
बसते भगवान मुझमें भी,
तेरे भगवान सुषुप्त क्यूं हैं,
मेरे भगवान जागृत क्यूं हैं।

बसता इंसान तुझमें भी,
बसता इंसान मुझमें भी,
तेरे में इंसान अचेत क्यूं हैं,
मेरे में इंसान सचेत क्यूं हैं।

_ रामप्रकाश मिश्र

2. लगाम

जमीन पर लगान लगाना ठीक है,
जमीर पर भी लगाम लगना चाहिए ।

अजान पर लगाम लगाना ठीक है,
जुबान पर भी लगाम लगना चाहिए ।

खुले-शौच पर लगाम लगाना ठीक है,
खुली-सोच पर भी लगाम लगना चाहिए ।

दीक्षा पर लगाम लगाना ठीक है,
भिक्षा पर भी लगाम लगना चाहिए ।

तन पर लगाम लगाना ठीक है,
मन पर भी लगाम लगना चाहिए ।

स्त्री पर लगाम लगाना ठीक है,
पुरुष पर भी लगाम लगना चाहिए ।

बालक पर लगाम लगाना ठीक है,
पालक पर भी लगाम लगना चाहिए ।

अभिनेता पर लगाम लगाना ठीक है,
नेता पर भी लगाम लगना चाहिए ।

शिष्य पर लगाम लगाना ठीक है,
शिक्षक पर भी लगाम लगना चाहिए ।

पत्नी पर लगाम लगाना ठीक है,
पति पर भी लगाम लगना चाहिए ।

पशु पर लगाम लगाना ठीक है,
मनुष्य पर भी लगाम लगना चाहिए ।

शत्रु पर लगाम लगाना ठीक है,
मित्र पर भी लगाम लगना चाहिए ।

बेटी पर लगाम लगाना ठीक है,
बेटे पर भी लगाम लगना चाहिए ।

अनुज पर लगाम लगाना ठीक है,
अग्रज पर भी लगाम लगना चाहिए ।

औलाद पर लगाम लगाना ठीक है,
वालिद पर भी लगाम लगना चाहिए ।

चोर पर लगाम लगाना ठीक है,
पुलिस पर भी लगाम लगना चाहिए ।

शिष्टाचार पर लगाम लगाना ठीक है,
भ्रष्टाचार पर भी लगाम लगना चाहिए ।

_रामप्रकाश मिश्रा

3. अपूर्ण

कितने भी भरूँ पन्ने,
किस्से रह जाते अधूरे,
कितनी भी बंद करूँ पलकें,
सपने कभी नहीं होते पूरे ।

कितना भी बढ़ा लूँ कदम,
सफर रह ही जाते अधूरे,
कितनी भी पढ़ लूँ किताबें,
ज्ञान कभी नहीं होते पूरे ।

कितना भी घूम लूँ धाम,
प्रार्थना रह ही जाती अधूरी,
कितना भी जीत लूँ खिताब,
लालच कभी नहीं होती पूरी ।

कितना भी लुटा दूँ प्यार,
मोहब्बत रह ही जाती अधूरी,
कितनी भी पा लूँ दुआएं,
आशीर्वाद कभी नहीं होती पूरी ।

कितना भी लगा लूँ लगाम,
दौड़ रह ही जाती अधूरी,
कितनी भी दे दे परवरदिगार,
ख्वाहिशें कभी नहीं होती पूरी ।

-- रामप्रकाश मिश्रा --

4. बदलाव

कभी पड़ोसी भी घर का,
हिस्सा हुआ करते थे,
आज एक घर में कई पड़ोसी,
पनाह करते हैं।

कभी एक ही घर में,
कई परिवार रहा करते थे,
आज एक परिवार कई घरों में,
निवास करते हैं।

कभी एक ही घर में,
कई बुजुर्ग रहा करते थे,
आज एक बुजुर्ग आश्रम में,
निवास करते हैं।

कभी हर घर की एक ,
कहानी हुआ करती थी,
आज एक घर की कई,
कहानी हुआ करती है।

कभी मोहल्ले में एक,
वाहन हुआ करता था,
आज एक घर में कई,
वाहन हुआ करते हैं।

कभी एक गाँव में एक,
स्कूल रहा करता था,
आज घर-घर में कई,
स्कूल हुआ करते हैं।

कभी एक शहर में एक,
मयखाना हुआ करता था,
आज हर गाँव में कई,
मयखाने हुआ करते हैं।

कभी एक शहर का एक,
नेता हुआ करता था,
आज घर-घर में कई,
नेता हुआ करते हैं।

कभी एक शहर में एक,
सिनेमाघर हुआ करता था,
आज एक इमारत में कई,
सिनेमाघर हुआ करते हैं।

कभी एक घर में एक,
मालिक हुआ करता था,
आज हर घर में कई,
मालिक हुआ करते हैं।

कभी एक शहर में एक,

पूजास्थल हुआ करता था,
आज हर गाँव में कई,
पूजास्थल हुआ करते हैं।

कभी एक कार्यक्रम में एक,
पूरा परिवार हुआ करता था,
आज कई कार्यक्रमों में भी,
परिवार नहीं हुआ करते हैं।

××× रामप्रकाश मिश्रा

5. दिवानगी

लोग दिवाने हैं,
दिखावे के,
सच्चाई लेकर,
हम कहाँ जायें।

लोग दिवाने हैं,
गुगल के,
किताबें लेकर,
हम कहाँ जायें।

लोग दिवाने हैं,
मोबाइल के,
कहानियाँ लेकर,
हम कहाँ जायें।

लोग दिवाने हैं,
मेकअप के,
सादगी लेकर,
हम कहाँ जायें।

लोग दिवाने हैं,
आधुनिकता के,
संस्कार लेकर,
हम कहाँ जायें।

लोग दिवाने हैं,
चापलूसी के,
यथार्थ लेकर,
हम कहाँ जायें।

लोग दिवाने हैं,
चाटुकारिता के,
स्वाभिमान लेकर,
हम कहाँ जायें।

लोग दिवाने हैं,
बड़ाई के,
कड़ाई लेकर,
हम कहाँ जायें।

लोग दिवाने हैं,
तन की सुंदरता के,
मन की सुंदरता लेकर,
हम कहाँ जायें।

लोग दिवाने हैं,
डिग्रियों के अंबार के,
अनुभव का भंडार लेकर,
हम कहाँ जायें।

लोग दिवाने हैं,

मुँह के स्वाद के,
पौष्टिक आहार लेकर,
हम कहाँ जायें।

लोग दिवाने हैं,
ऐशो-आराम के,
कर्मठता लेकर,
हम कहाँ जायें।

लोग दिवाने हैं,
उच्च जीवन के,
उच्च विचार लेकर,
हम कहाँ जायें।

~~ रामप्रकाश मिश्रा

6. विचरण

यूँ ही चलते रहने से,
जिंदगी नहीं कट जाती,
सही राह और सही दिशा,
मुकाम पाने हेतु जरुरी है।

यूँ ही सपने देखने से,
मंजिल नहीं मिल जाती,
सही मंसूबे और परिश्रम,
सफल होने हेतु जरुरी है।

यूँ ही साथ चलते रहने से,
हमसफर नहीं बन जाते,
साफ मन और सच्चा प्रेम,
हमराह बनने हेतु जरुरी है।

यूँ ही पन्ने पलटने से,
शिक्षा नहीं मिल जाती,
सच्ची लगन और ध्यान,
ज्ञान पाने हेतु जरुरी है।

यूँ ही घंटी बजाने से,
शांति नहीं मिल जाती,
सही विचार और समर्पण,
मोक्ष पाने हेतु जरुरी है।

यूँ ही सोचते रहने से,
कामयबी नहीं मिल जाती,
कड़ी मेहनत और सही निर्णय,
सार्थक होने हेतु जरुरी है।

यूँ ही मिलते रहने से,
दोस्त नहीं मिल जाते,
समान सोच और व्यवहार,
मित्र पाने हेतु जरुरी है।

यूँ ही पकाते रहने से,
आहार पौष्टिक नहीं हो जाता,
सही लगन और सच्चा प्रेम,
भोजन बनाने हेतु जरुरी है।

यूँ ही बैठे रहने से,
निवाला मुँह में नहीं जाता,
सही कर्म और सही मेहनत,
पेट भरने हेतु जरुरी है।

यूँ ही दान करने से,
पाप नहीं कट जाते,
निस्वार्थ मन और भावना,
पूण्य कमाने हेतु जरुरी है।

यूँ ही भ्रमण करने से,

भगवान नहीं मिल जाते,
अपनी आत्मा से मिलना,
भगवान पाने समान है।
_ रामप्रकाश मिश्रा

7. पहल

कुछ सँवारना है तो,
जिंदगी कोई सँवारे,
केश तो अपने गंजे भी,
सँवारा करते हैं।

कुछ बनाना है तो,
भविष्य कोई बनायें,
मकान तो अपने भिखारी भी,
बनाया करते हैं।

कुछ बाँटना है तो,
खुशी कोई बाँटें,
दर्द तो अपने मुसाफिर भी,
बाँटा करते हैं।

कुछ बटोरना है तो,
आशिर्वाद कोई बटोरें,
दौलत तो अपने लुटेरे भी,
बटोरा करते हैं।

कुछ माँगना है तो,
दुआऐं औरों के लिए माँगें,
भीख तो अपने राजा भी,
माँगा करते हैं।

कुछ पसारना है तो,
आँचल दुनिया में पसारें,
पैर तो अपने जानवर भी,
पसारा करते हैं।

कुछ लुटाना है तो,
मुस्कान दुनिया में लुटायें,
ज्ञान तो अपने गँवार भी,
लुटाया करते हैं।

कुछ कुरेदना है तो,
अपने जख्म ही कुरेदें,
मर्म दूसरों का तो सभी,
कुरेदा करते हैं।

कुछ पकाना है तो,
मंसूबे जीवन में पकायें,
ख्याली पुलाव निकम्मे भी,
पकाया करते हैं।

कुछ पूजना है तो,
इंसान को दुनिया में पूजें,
पत्थर कभी-कभार नास्तिक भी,
पूज लिया करते हैं।

_रामप्रकाश मिश्रा

8. ख्वाब

रात कल मैंने सपना एक देखा
खूबसूरत घर-संसार अपना देखा।

सूरज का गलियारे में चमकना देखा
चाँद सितारों का खिडक़ी से उतरना देखा।

हवाओं का आँगन में ठहरना देखा,
आसमाँ का छत पर पसरना देखा।

रंगोली का दहलीज़ पर सजना देखा,
चौकठ पर नदी का थपथपाना देखा।

पंछियों का बगीचे में चहचहाना देखा,
गाय का पिछवाड़े में रंभाना देखा।

शेर का जंगल में दहाड़ना देखा,
हाथियों का पोखर में नहाना देखा।

शुभचिन्तकों का द्वार पर आना देखा।
मतभेदों कों आपस में सुलझाना देखा।

बच्चों का प्रांगण में खिलखिलाना देखा,
बुजुर्गों का जिंदगी का पाठ पढ़ाना देखा।

मंदिर में घंटियों का घनघनाना देखा,
क्यारियों में फूलों का मुस्कराना देखा।

व्हाट्स एप्स पर दोस्तों का याराना देखा,
फेसबुक पर लोंगो का बचकाना देखा।

फिर सुबह के अलार्म का बजना देखा,
खूबसूरत सपने का टूट जाना देखा |

_ रामप्रकाश मिश्रा.

9. संकल्प

बेशक वह मुझे न सराहे,
मैं हमेशा उसे सराहता रहूंगा।

बेशक वह मुझे न निहारे,
मैं हमेशा उसे निहारता रहूंगा।

बेशक वह मुझे न याद करे,
मैं हमेशा उसे याद करता रहूंगा।

बेशक वह मुझे न पूछा करे,
मैं हमेशा उसे पूछा करता रहूंगा।

बेशक वह मेरी न फिक्र करे,
मैं हमेशा उसकी फिक्र करता रहूंगा।

बेशक वह मेरा न साथ दो,
मैं हमेशा उसका साथ देता रहूंगा।

बेशक वह मेरी न तारीफ करे,
मैं हमेशा उसकी तारीफ करता रहूंगा।

बेशक वह मेरी न कद्र करे,
मैं हमेशा उसकी कद्र करता रहूंगा।

बेशक वह मुझसे दूर हो जाए,
मैं हमेशा उसे पुकारा करता रहूंगा|

बेशक वह मेरा न इंतजार करे,
मैं हमेशा उसका इंतजार करता रहूंगा|

बेशक वह मेरी सलामती न चाहे,
मैं हमेशा उसकी सलामती चाहता रहूंगा|

_रामप्रकाश मिश्रा

10. शान ए अवध

शान ए अवध --

यह लखनऊ है नहीं सिर्फ,
शहर नवाब का,
शहर ऐ लखनऊ है,
नवाबी अंदाज का।

यह लखनऊ है नहीं सिर्फ,,
टुंडे कबाब का।
शहर ऐ लखनऊ है,
जायका लाजवाब का।

यह लखनऊ है नहीं सिर्फ,
अर्ज ऐ आदाब का,
शहर ऐ लखनऊ है,
तहजीब के नकाब का।

यह लखनऊ है नहीं सिर्फ,
जाम ऐ शराब का,
शहर ऐ लखनऊ है,
हुस्न ऐ शबाब का।

यह लखनऊ है नहीं सिर्फ,
ईत्र ऐ गुलाब का,

शहर ऐ लखनऊ है,
इश्क़ ऐ जनाब का।

यह लखनऊ है नहीं सिर्फ,
अर्ज ऐ आदाब का,
शहर ऐ लखनऊ है,
मुखड़ा ऐ हिजाब का।

यह लखनऊ है नहीं सिर्फ,
शाही लिबास का,
शहर ऐ लखनऊ है,
नजाकत ऐ खिजाब का।

यह लखनऊ है नहीं सिर्फ,
खियाबां ऐ बहार का,
शहर ऐ लखनऊ है,
दीदार ऐ रूमान का।

यह लखनऊ है नहीं सिर्फ,
इबारत ऐ लिहाज का,
शहर ऐ लखनऊ है,
पयाम ऐ एहसास का।

कभी पधारो हमारे,
शहर ऐ लखनऊ,
जियारत हो ही जाये,
शान ऐ अवध का।

रामप्रकाश मिश्रा

--

11. तलाश

लहरों को किनारे की तलाश,

नदियों को समुंदर की तलाश,

हवाओं को दिशा की तलाश,

बादलों को सही रुत की तलाश,

राही को सही मंजिल की तलाश,

विद्यार्थियों को सही गुरु की तलाश,

स्नातकों की सही नौकरी की तलाश,

जनता को सही नेताओं की तलाश,

मुसाफिर को हमसफर की तलाश,

इंसानों को मन की शांति की तलाश,

आंखों को चैन की नींद की तलाश,

कानों को मीठे शब्दों की तलाश,

भटकों को सही मार्गदर्शन की तलाश,

बेसहारों को सही सहारे की तलाश,

मां-बाप को बेटी के वर की तलाश,

जिंदगी को सुकून की मौत की तलाश.

~~~ रामप्रकाश मिश्रा

12. परमपूज्य अतिथि जी

अतिथि आप कब दुबारा आओगे,
घर में हमारे ताक झांक कब करोगे।

बहु बेटियों पर कटाक्ष कब कसोगे,
सास बहु में लडाई कब करवाओगे।

परिवार में अलगाव कब करवाओगे,
हमारे कमियों का जहर कब उगलोगे।

हमारी भावनाओं को ठेस कब पहुंचाओगे,
हमारी असफलताओं का जश्न कब मनाओगे।

हमारी सुखी परिवार में आग कब लगाओगे,
घर के मुखिया को बुरी लत में कब झोंकोगे।

हमारे सुखी जीवन में नजर कब लगाओगे,
घर की नोक-झोंक का वीडियो कब बनाओगे।

हमारी कमियों का वीडियो वायरल कब करोगे,
असमय आ कर लंबी छुट्टी का मजा कब लोगे।

विश्वास पर धोखे का मोहर कब लगाओगे,
परममित्र का झूठा दिखावा कब तक करोगे।

अतिथि आप म्हारे घर कब पधारोगे,
हमारे हित का बेसुरा राग कब छेड़ोगे।

_ रामप्रकाश मिश्रा

13. प्रश्नचिह्न

बादल बरसने पश्चात,
अस्तित्वहीन हो जाते हैं?

नदी सूखने के बाद,
बंजर भूमि हो जाती है?

फसल कट जाने के पश्चात,
भूमि सूखी पड़ जाती है?

शांति भंग हो जाने पर,
महाभारत शुरू होता है?

विश्वास टूट जाने पश्चात,
गलतफहमियां बढ़ जाती हैं?

अपनापन खत्म हो जाने पर,
रिश्ते बिखर जाते हैं?

सब्र टूटने के पश्चात,
ज्वालामुखी फट जाता है?

शक पैदा हो जाने पर,
मनमुटाव बढ़ जाते हैं?

हकीकत पता चलने पश्चात,
असलियत खुल जाता है?

बांध टूटने के पश्चात,
प्रलय की शुरुआत होती है?

पेड़ कट जाने के पश्चात,
ठूंठ बन कर रह जाते हैं?

इंसान के मृत्यु पश्चात,
काया माटी बन जाती है?

लक्ष्मणरेखा पार करने पश्चात,
संकट शुरू हो जाते हैं?

रिटायर होने के पश्चात,
व्यक्ति महत्वहीन हो जाता है?

मन्नतें पूर्ण होने पर,
भगवान अर्थहीन हो जाते हैं?

मतलब निकल जाने पश्चात,
दोस्ती समाप्त हो जाती है?

- रामप्रकाश मिश्रा

14. अच्छापन

दूसरे समक्ष अच्छा बनने के लिए,
ढेर सारे ढोंग रचने पड़ जाते हैं।

कभी धूप को छांव कहना पड़ता है,
कभी आग को बर्फ बताना पड़ता है।

कभी दुख में भी हंसना पड़ता है तो,
कभी नापसंद को पसंद करना होता है।

कभी औरों की गलतियां भूलना होता है,
कभी औरों की गालियां सहना पड़ता है।

कभी अपनी ख्वाहिशें दबाना पड़ता है,
कभी खुशी का मुखौटा पहनना पड़ता है।

कभी शत्रु को दोस्त बनाना पड़ता है,
कभी सही मित्र को बदलना पड़ता है।

कभी असत्य की राह पर चलना पड़ता है,
कभी कंटीली राहों पर चलना पड़ता है।

कभी बेकारण अपशब्द सुनना पड़ता है,
कभी नाकाबिल की तारीफ करना होता है।

कभी अपने मन को मारना पड़ता है,
कभी अपने आप से लड़ना पड़ता है।

_ रामप्रकाश मिश्रा

15. तथ्य

वक्त ने हमें हमेशा यह है सिखाया कि,
शत्रु से मित्र अधिक कातिल होता है,
बातूनी से चुप्पी अधिक खतरनाक होती है,
तूफान से शांति अधिक नुकसान करता है।

जुबान से आंखे अधिक घायल करती हैं,
गुरु से चेला अधिक दिखावा करता है,
पड़ोसी से पटीदार अधिक ईर्ष्यालु होता है,
अनपढ़ से शिक्षित अधिक नशे में रहता है।

कटुभाषी से मृदुभाषी अधिक जहरीला होता है,
भविष्य से भूतकाल अधिक बर्बाद करता है,
अनजाने से जानकार अधिक भ्रमित करता है,
परिजन से स्वजन अधिक हानि पहुँचाता है।

जहर से दवाई अधिक घातक होती है,
हिंसा से अहिंसा अधिक असरदार होती है,
नाकामयाबी से कामयाबी अधिक नशीली होती है,
निर्धन से धनवान अधिक परेशान रहता है।

आसमां से विचार अधिक ऊंचा होता है,
प्रकाश से मन की गति अधिक तेज होती है,
शक से विश्वास अधिक चोट पहुँचाता है,
शराब से शबाब अधिक नशीली होती है।

धर्म से कर्म अधिक पुण्यकारक होता है,
सत्य से असत्य अधिक वास्तविक लगता है,
थप्पड़ से प्यार अधिक दुःख-दायी होता है,
भगवान से इंसान अधिक पाषाण होता है।

_ रामप्रकाश मिश्रा

16. मिथ्या

प्रतियोगिता के इस युग में,
सुनहरा भविष्य ढूंढ पाना,
स्वयं की परछाईं छूने समान है|

इंसानों के समुंदर में,
बिछड़ों को ढूँढ पाना,
आसमान छूने समान है|

झूठे लफ़्ज़ों के उपन्यास में,
सच्चे वचन को ढूँढ पाना,
बर्फ पर लिखने समान है|

झूठी उम्मीदों के टीले में,
सफल मुकाम को ढूँढ पाना,
रेत पर चलने समान है|

हस्त रेखाओं के जाल में,
सटीक भविष्य ढूँढ पाना,
नदी में मोती ढूँढने समान है|

बनावट के मुखौटे में,
सही व्यक्तित्व ढूँढ पाना,
लहरों में नमक ढूँढने समान है|

माथे की लकीरों के पाश में,
मानसिक तनाव ढूँढ पाना,
बादलों में ठहराव ढूँढने समान है|

मीठी मुस्कान के चेहरों में,
सही नीयत ढूँढ पाना,
जंगल में रास्ता ढूँढने समान है|

झूठ फरेब के इस कलयुग में,
सत्यवादी हरिश्चंद्र ढूँढ पाना,
विष में अमृत ढूँढने समान है|

_रामप्रकाश मिश्रा

17. ताबीर

नष्ट कर धरा का सौन्दर्य,
रहने का स्थान मनुष्य,
मंगल में ढूँढ़ रहा है।

त्याग कर अहिंसा का पथ,
जीत का मुकाम मनुष्य,
हिंसा में ढूँढ़ रहा है।

ध्वस्त कर औरों का मकान,
रहने का स्थान मनुष्य,
खंडहर में ढूँढ़ रहा है।

घोंट कर अपनों के अरमान,
चैन का सराय मनुष्य,
आश्रम में ढूँढ़ रहा है।

नष्ट कर घर की शांति,
सूकून का आसन मनुष्य,
घाटों में ढूंढ रहा है।

छोड़ कर स्वयं का विश्वास,
प्रगति का पर्याय मनुष्य,
संबल(सहारा)में ढूंढ रहा है।

संचित कर अकृतियों का अंबार,
स्वर्ग का स्वप्न मनुष्य,
मृत्यु शैय्या पर देख रहा है।

फूँक कर अपना घर संसार,
अपने सुख का मकान मनुष्य,
जंगल में ढूँढ़ रहा है।

भूल कर अपनी अंतरात्मा,
अपने प्रश्न सुलझाने मनुष्य,
कमंडल लिए भटक रहा है।

त्याग कर अपनी गृह-लक्ष्मी
पूजनीय चरण मनुष्य,
धन-लक्ष्मी में ढूँढ़ रहा है।

छोड़ कर अपना गृहस्थाश्रम,
ज्ञान का भंडार मनुष्य,
संन्यासाश्रम में ढूँढ़ रहा है।

_ रामप्रकाश मिश्रा

18. प्रयास

कोशिशें बहुत की उनसे,
दुबारा मिलने की मगर,
ढूंढने का मेरा प्रयास,
निरंतर नाकामयाब रहा।

कोशिशें बहुत की उनसे,
दूरियां कम करने की मगर,
पास जाने का मेरा प्रयास,
निरंतर नाकामयाब रहा।

कोशिशें बहुत की उनसे,
अपनी बात कहने की मगर,
कुछ कहने का मेरा प्रयास,
निरंतर नाकामयाब रहा।

कोशिशें बहुत की उनसे,
घंटों गपशप लगाने की मगर,
क्षण भर बैठने का मेरा प्रयास,
निरंतर नाकामयाब रहा।

कोशिशें बहुत की उनसे,
नजर मिलाने की मगर,
मतभेद मिटाने का मेरा प्रयास,
निरंतर नाकामयाब रहा।

कोशिशें बहुत की उनसे,
दोबारा संपर्क करने की मगर,
संदेश पहुंचाने का मेरा प्रयास,
निरंतर नाकामयाब रहा।

कोशिशें बहुत की उनको,
दुबारा दोस्त बनाने की मगर,
हाथ बढ़ाने का मेरा प्रयास,
निरंतर नाकामयाब रहा।

कोशिशें बहुत की उनसे,
गलतफहमियां दूर करने की मगर,
अपना पक्ष रखने का मेरा प्रयास,
निरंतर नाकामयाब रहा।

कोशिशें बहुत की उन्हें,
फिर से अपना बनाने की मगर,
फिर से अपनाने का मेरा प्रयास,
निरंतर नाकामयाब रहा।
_रामप्रकाश मिश्रा

19. ग्रहण

बुरा सपना - नींद पर ग्रहण

बुरी वाणी - मित्रता पर ग्रहण

बुरी संगत - आचरण पर ग्रहण

बुरे विचार - सकारात्मकता पर ग्रहण

बुरे हमसफ़र - यात्रा पर ग्रहण

बुरे पड़ोसी - शांति पर ग्रहण

बुरी नज़र - आचरण पर ग्रहण

बुरे मित्र - उन्नति पर ग्रहण

बुरी आदत - मानवता पर ग्रहण

बुरे कर्म - स्वर्ग-पथ पर ग्रहण

बुरी सोच - संस्कार पर ग्रहण

बुरी संतान - बुढ़ापे पर ग्रहण

बुरी पढाई - शिक्षा पर ग्रहण ऊंची

बुरी लत - प्रगति पर ग्रहण

बुरे रिश्ते - परिवार पर ग्रहण

बुरा आहार - स्वास्थ्य पर ग्रहण

बुरा मौसम - दैनिक क्रिया पर ग्रहण

बुरा वक्त - जिंदगी पर ग्रहण

_ रामप्रकाश मिश्रा

20. अपना इंडिया

इरादों व वादों मध्य,
पिसता रहा अपना इंडिया।

योजना व घोषणा मध्य ,
पिटता रहा अपना इंडिया।

आचार व दुराचार मध्य,
घिसता रहा अपना इंडिया।

प्रगति व दुर्गति मध्य,
डोलता रहा अपना इंडिया।

मित्र व शत्रु मध्य,
मरता रहा अपना इंडिया।

आरोप व प्रत्यारोप मध्य,
मिटता रहा अपना इंडिया।

सफेदपोश व नकाबपोश मध्य,
फँसता रहा अपना इंडिया।

यथार्थ व छलावा मध्य,
जूझता रहा अपना इंडिया।

उन्नति व दुर्गति मध्य,
घूमता रहा अपना इंडिया।

राम व रहीम मध्य,
नाचता रहा अपना इंडिया।

अमीर व गरीब मध्य,
झूमता रहा अपना इंडिया।

कथनी व करनी मध्य,
मरता रहा अपना इंडिया।

करम व धरम मध्य
घुटता रहा अपना इंडिया।

- रामप्रकाश मिश्रा

21. मिडिल क्लास

उम्र भर अपनी बनी रहे,
समाज में अपना सम्मान
झूठी शान बचाने में,
मगन रहता मिडिल क्लास।

बेटी पैदा होते ही,
अच्छे घर हो बिदाई,
दहेज जोड़ने में,
लगा रहता मिडिल क्लास।

अपनी जो बीत गयी,
सो बीत गयी,
पर बच्चों की जिंदगी,
सुधारने में लगा रहता मिडिल क्लास।

हर खरीदारी के समय,
त्यौहार के एक दिन,
सेल वाला दुकान,
ढूँढने में लगा रहता मिडिल क्लास।

हम नहीं तो सही,
बच्चों को ही सही,
बच्चों को साहेब,
बनाने में लगा रहता मिडिल क्लास।

अपना एक मकान,
हो भले ही कुटिया,
बैंक का किश्त,
निपटाने में लगा रहता मिडिल क्लास।

अभी नहीं सही,
कभी तो ही सही,
अच्छे दिनों की आशा में,
वोट देने में मगन रहता मिडिल क्लास ।
_ रामप्रकाश मिश्रा

22. अकेला

मैं अकेला कब था ?
हमेशा यादों के फलों का,
रसपान करता आ रहा हूं,
मैं अकेला कभी ना था।

मैं अकेला कब था ?
सदा जिंदगी के थपेड़ों से,
लड़ाई करता आ रहा हूं,
मैं अकेला कभी ना था।

मैं अकेला कब था ?
निरंतर जिंदगी की राह पर,
बढ़ता चला आ रहा हूं,
मैं अकेला कभी ना था।

मैं अकेला कब था ?
हर अनुभव के सबक का,
संग्रह करता चला आ रहा हूं,
मैं अकेला कभी ना था।

मैं अकेला कब था ?
हमेशा भीड़ से अलग में,
मन से बात करता आ रहा हूं,
मैं अकेला कभी ना था।

मैं अकेला कब था ?
निसर्ग के खूबसूरती का,
आनंद उठाता चला आ रहा हूं,
मैं अकेला कभी ना था।

मैं अकेला कब था ?
शिक्षकों द्वारा दी हुई तालीम का,
जीवन में उपयोग करता आ रहा हूं,
मैं अकेला कभी ना था।

मैं अकेला कब था ?
माता-पिता के दिए संस्कारों का,
अनुसरण करता चल आ रहा हूं,
मैं अकेला कभी ना था।

मैं अकेला कब था ?
परवरदिगार का दिए निर्देशों का,
बेझिझक पालन करता आ रहा हूं,
मैं अकेला कभी ना था।

मैं अकेला कब था ?
भूत-भविष्य चिंता छोड़ कर,
वर्तमान संग जीता चला आ रहा हूं,
मैं अकेला कभी ना था।

मैं अकेला कब था ?

जीवन के उतर-चढ़ाव पर,
बुजुर्गों के आशीर्वाद संग खड़ा रहा हूं,
मैं अकेला कभी ना था।
_रामप्रकाश मिश्रा

23. आत्म-मंथन

समुद्र के मंथन से,
अमृत उत्पन्न हुआ था।

संस्कार के मंथन से,
नैतिकता परिपक्व होगा।

अध्ययन के मंथन से,
सच्चा-ज्ञान प्राप्त होगा।

विचार के मंथन से,
उच्च विवेक परिष्कृत होगा।

संघर्ष के मंथन से,
स्थायी शांति प्राप्त होगा।

व्यवस्था के मंथन से,
स्मृद्धि प्राप्त होगा।

जज्बात के मंथन से,
आत्माशुषान प्राप्त होगा।

व्यवहार के मंथन से,
आचरण शुद्ध होगा।

साहित्य के मंथन से,
आत्मज्ञान प्राप्त होगा।

आराधना के मंचन से,
आध्यात्मिकता विकसित होगा।

श्रवण मंथन से,
निष्कर्ष प्राप्त होगा।

संबंध के मंथन से,
वास्तविकता प्राप्त होगी।

परिश्रम के मंथन,
लक्ष्य प्राप्त होगा।

आत्मा के मंथन से,
परम-शांति प्राप्त होगी।

कर्म के मंथन से,
मोक्ष प्राप्त होगा।

_ रामप्रकाश मिश्रा

24. कलयुगी प्रतिक्रिया

आप किसी की जितनी,
ध्यान रखोगे वह आपको,
उतना ही नजरअंदाज करेगा।

आप किसी से जितना ,
अपेक्षा करोगे वह आपकी,
उतनी ही उपेक्षा करेगा।

आप किसी की जितनी,
परवाह करोगे वह आपसे,
उतना ही लापरवाह रहेगा।

आप किसी का जितना,
सम्मान करोगे वह आपका,
उतना ही अपमान करेगा।

आप किसी की जितनी,
इज्जत करोगे वह आपकी,
उतनी ही तौहीन करेगा।

आप किसी की जितनी,
चाहत रखोगे वह आपको,
उतना ही अनदेखा करेगा।

आप किसी के जितने,
करीब जाओगे वह आपसे,
उतना ही दूर जाना चाहेगा।

आप किसी को जितना ,
पुकारा करोगे वह आपसे,
उतना ही नजरें चुराएगा।

आप किसी पर जितना ,
प्रेम जताओगे वह आपको,
उतना ही नखरे दिखाएगा।

आप किसी समक्ष जितना ,
झुका करोगे वह आप पर,
उतना ही रौब झाड़ेगा।

आप किसी को जितना ,
सहारा दोगे वह आपका,
उतना ही फायदा उठाएगा।

आप किसी का जितना ,
इंतजार करोगे वह आपको,
उतनी ही प्रतीक्षा करवाएगा।

आप किसी के जितना ,
आंसू पोछोगे वह आपको,
उतने ही खून के आंसू रुलाएगा।

आप किसी की जितनी ,
बात सुनोगे वह आपको,
उतना ही भाषण सुनाएगा।

आप किसी की राह पर जितना ,
फूल बरसाओगे वह आपकी राह पर,
उतने ही गड्ढे निर्मित करेगा।

- रामप्रकाश मिश्रा

25. खुलासा

आँसू कितना भी छुपा लो,
चेहरा दर्द बयां कर देता है।

कड़वाहट कितनी भी छुपा लो,
ज़ुबान कटुता बयां कर देती है।

उम्र कितनी भी छुपा लो,
झुरियां उमर बयां कर देतीं हैं।

घुटन कितना भी छुपा लो,
हरकतें पीड़ा बयां कर देतीं हैं।

प्रेम कितना भी छुपा लो,
धड़कनें चाहत बयां कर देतीं हैं।

नफरत कितना भी छुपा लो,
नजरें नापसंदी बयां कर देतीं हैं।

ईर्ष्या कितनी भी छुपा लो,
बातचीत जलन बयां कर देती है।

सम्मान कितना भी छुपा लो,
झुकी नजर आदर बयां कर देती है।

मजबूरी कितना भी छुपा लो,
व्यवहार बेबसी बयां कर देती है।

चालाकी कितना भी छुपा लो,
प्रभाव धूर्तता बयां कर देता है।

परिश्रम कितना भी छुपा लो,
परिणाम मेहनत बयां कर देता है।

निंदा कितनी भी छुपा लो,
लोग बुराई बयां कर देते हैं ।

रोग कितना भी छुपा लो,
रक्त बीमारी बयां कर देता है।

घमंड कितना भी छुपा लो,
आचरण अहंकार बयां कर देता है।

बदसूरती कितनी भी छुपा लो,
चालचलन कुरूपता बयां कर देती है।
- रामप्रकाश मिश्रा

26. "एक" का प्रभाव

"एक" का प्रभाव*
(एक)
के पृथक होते ही,
एक अरब संख्या,
(शून्य) में बदल जाती है।

(एक)
फूल के खिलते ही,
वीरान सा चमन,
बहार में बदल जाता है।

 (एक)
पुण्यात्मा के जनमते ही,
कलयुगी समय,
सतयुग में बदल जाता है।

"(एक)"
सच्चे मित्र का साथ मिलते ही,
अधूरा लगता सफर,
पूर्ण होता दिखता है।

"(एक)"
पौधा अंकुरित होते ही,
बंजर लगती जमीन,

हरी-भरी लगने लगती है।

"(एक)"
मीठे बोल बोलते ही,
नफरती संसार,
प्रेम-मयी हो जाता है।

"(एक)"
मुस्कान बिखरते ही,
अहंकारी शीश,
अदब से झुक जाता है।

"(एक)"
बार हरि नाम जपते ही,
कष्ट-मयी जीवन,
सुखपूर्वक कट जाता है।

"(एक)"
गंदी नजर से ही,
नारी के आत्मसम्मान का,
चीरहरण हो जाता है।

"(एक)"
कटु वचन से ही,
मन के रिश्तों में,
गांठ पड़ जाती है।

"(एक)"
गलत कदम ही,
व्यक्ति का जीवन,
बदल कर रख देता है।

"(एक)"
दुर्जन के हटते ही,
नरक सी जिंदगी,
स्वर्ग में बदल जाती है।

"(एक)"
दीपक जलते ही,
घनघोर अंधेरा मकान,
प्रकाशमय हो जाता है।

"(एक)"
मार्ग बंद होते ही,
प्रगति का दूसरा,
मार्ग खुल जाता है।

_रामप्रकाश मिश्रा

27. मरीचिका

यह काया माटी का,
पुतला है जनाब,
गरूर किस बात का,
हो ही जाना है इसे राख।

मकान माटी का,
शामियाना है जनाब,
गरूर किस बात का,
हो ही जाना है इसे खाक।

चेहरा कागज का,
मुखौटा है जनाब,
घमंड किस बात का,
हो ही जाना है इसे खराब।

दौलत माया का,
ढेर है जनाब,
गरूर किस बात का,
हो ही जाना है इसे खाक।

मुस्कान छलावे का,
नकाब है जनाब,
भरोसा किस बात का,
दे ही जाना है इसे विश्वासघात।

प्रेम दिखावे का,
मंजर है जनाब,
भ्रम किस बात का,
कर ही देना है इसे तबाह।

विश्वास अपनत्व का,
काफूर है जनाब,
संदेह किस बात का,
हो ही जाना है इसे अंतर्धान।

दौड़ सफलता का,
मृगतृष्णा है जनाब,
शक किस बात का,
कर ही जाना है इसे गुमराह।

शक अग्नि का,
पिटारा है जनाब,
विश्वास किस बात का,

कर ही जाना है इसे बरबाद।

_रामप्रकाश मिश्रा

28. खौफ

मौत से डर नहीं लगता साहेब,
जिंदगी से भय जरूर लगता है।

धोखे से भय नहीं लगता जनाब,
भरोसे पर भय जरूर लगता है।

खुदा से खौफ नहीं लगता श्रीमान,
खुद से खौफ जरूर लगता है।

फटकार से भय नहीं लगता महोदय,
पुचकार से भय जरूर लगता है।

बीमारी से डर नहीं लगता साहेब,
बेगारी से डर जरूर लगता है।

बेगानों से खौफ नहीं लगता महाशय,
अपनों से खौफ जरूर लगता है।

 अंधेरे से भय नहीं लगता जनाब,
उजाले से भय जरूर लगता है।

विफलता पर डर नहीं लगता श्रीमान,
सफलता पर भय जरूर लगता है।

बुराई से खौफ नहीं लगता महोदय,
अच्छाई से खौफ जरूर लगता है।

गरीबी से भय नहीं लगता महाशय,
अमीरी से भय जरूर लगता है।

दुर्जनों से डर नहीं लगता जनाब,
सज्जनों से डर जरूर लगता है।

काटों से खौफ नहीं लगता साहेब,
फूलों से खौफ जरूर लगता है।

तिरस्कार से भय नहीं लगता श्रीमान,
स्वीकार से भय जरूर लगता है।

अपमान से भय नहीं लगता जनाब,
सम्मान से भय जरूर लगता है।

नफरत से डर नहीं लगता महोदय,
उलफत से डर जरूर लगता है।

जख्म से भय नहीं लगता जनाब,
मरहम से भय जरूर लगता है।

शैतान से खौफ नहीं लगता महात्मा,
इन्सान से खौफ जरूर लगता है।

फरिश्तों से डर नहीं लगता जनाब,
रिश्तों से डर जरूर लगता है।
_रामप्रकाश मिश्रा

29. कवि की मैं एक काव्य-रचना

मन में रोपित, शब्दों से सज्जित
लबों से उत्पित, कोरे पन्नों में अंकित
कवि की मैं एक काव्य-रचना।

कईयों की लिए मैं हैरानी
कइयों के लिए परेशानी
कईयों का मैं आत्मविश्वास
कईयों के लिए मैं बकवास।

कईयों के लिए मैं गजब की
कईयों के लिए मैं अजब की
कईयों की लिए मैं सबक की
कईयों के लिए मैं बेअदब की।

कईयों के लिए मैं वर्तमान की
कईयों के लिए मैं बात पुरानी
कईयों की लिए मैं साधारण सी
कईयों के लिए मैं विलक्षण सी।

कईयों के लिए मैं स्वीकारणीय
कईयों के लिए मैं दुत्कारणीय
कईयों की लिए मैं रसभरी
कईयों के लिए मैं रहस्यभरी।

कईयों के लिए दीवानगी
कईयों के लिए मैं आवारगी
कईयों ने पलकों पर बिठाया
कईयों ने अलमीरा में सजाया।

कईयों के लिए मैं प्यारी
कईयों के लिए मैं न्यारी।
कईयों को लगी मैं सच्ची
कईयों को लगी मैं माथा-पच्ची।

कईयों के लिए मैं आयना
कईयों के लिए मैं भावना।
कईयों को लगी मैं कटाक्ष
कईयों को लगी मैं यथार्थ।

कईयों ने मुझे स्वीकारा,
कईयों ने बिन मुझे नकारा।
कईयों के लिए मैं एहसास,
कईयों के लिए मैं इतिहास।

कईयों के लिए मैं प्रासंगिक
कईयों के लिए मैं अनवांछित।
कईयों ने महफिल में फरमाई
कईयों ने अतीत में छिपाई।

_रामप्रकाश मिश्रा

www.ingramcontent.com/pod-product-compliance
Lightning Source LLC
Chambersburg PA
CBHW060349050426
42449CB00011B/2895
9781807150372